ホスト界の頂点に立つ男の「心を操る」技術

鶴見一沙
tsurumi issa

SOGO HOREI PUBLISHING CO., LTD

はじめに

あなたはこんな悩みを抱えて、本書を手に取ってはいませんか。

「がんばっているのに、なかなか営業成績が上がらない」
「さまざまなビジネス書を読んだけれど、交渉がまとまらない」
「〝心理学を駆使したテクニック〟を試しても、うまくいかない」
「満足のいく接客ができない」
「相手の気持ちをうまく推し量ることができない」

本書は、**人の「心を操る」ための、実践的なマニュアル**と言っていいと思います。

「操る」という言葉の意味を辞書で引いてみると、〝物事を意のままに動かす〟〝操縦する〟〝巧に動かす〟などが出てきます。

ホストが「心を操る」と言うと、〝うまい言葉を巧みに使い、お客様からお金を巻き上げている〟とイメージする方も多いのかもしれません。

人の心を操ることができれば、先ほどの悩みはすべて解決することができるように思います。だからこそ、あなたは本書を手に取ってくださったのかもしれません。

でも残念ながら、そんな方法では、あなたの悩みは解決しません。逆に、周囲との人間関係は、悪化してしまうかもしれません。

確かに、結果的には**〝僕の望んだ通りに、お客様が動いてくださる〟ということに、変わりありません。**

しかし、表面的に、強引に、相手が動かざるをえない言葉を使ったり、騙したりするのではないのです。

では、どのように相手の「心を操る」のか。

それは、**相手の心のなかに、あなたに対する絶対的な「信頼」を築く**のです。

相手との絶対的な信頼を築くには、**本気で相手のことを考え、行動すること**が必要です。

相手のために、本気で行動できさえすれば、それが信頼に変わります。

そして、最終的には、**相手もあなたの望むように行動してくれるようになります。**

つまり、これが**「心をつかむ」ということ**です。

そのためには、基本的なことではありますが、会話で相手とコミュニケーションを取ることが必要です。

しかし、同じ会話をするにも、相手の気持ちを感じ取ろうとすることもなく、**相手をコントロールするためのコミュニケーション**、こちらの**気持ちを押し付けるだけのコミュニケーション**をしている。

それが、**あなたの思い通りにならない理由**です。

そもそも、**コミュニケーションとは、相手のためにするもの。**

相手を喜ばせるには、相手のことを理解しなければなりません。

僕が本書でお伝えするのは、何をすれば人の心がつかめるのか？　という核心の部分。言うならば、ゴールです。

そのゴールへたどり着くための、最短のルートを歩む方法を、ご紹介致します。

会話やコミュニケーションを難しく考えている人が多いのですが、実はそう思い込んでいるだけで、実際には非常にシンプルです。

ゴールが見えていれば、何をすればいいのかが、明確にわかるのです。

本書は、**読むだけであなたのコミュニケーション能力を引き上げ、誰とでも良い関係を築ける本**なのです。

本当かよ？　そんなことより、そもそもお前は誰なんだよ？　と思いますよね（笑）

ここで、少し僕の自己紹介をしたいと思います。

僕は、20歳からホストクラブで働きはじめ、7年間、現役のホストをしてきました。

ホストになって3年後には、日本のナンバーワンホストを決める祭典、全日本ホストグランプリで初代チャンピオンに選ばれ、その後、独立。

1000人以上のホストを育て、現在ではホストクラブグループの会長を務めながら、これまでの知識、経験を活かし、一般企業や個人へのコンサルティングなども行っています。

今では、人に指導をさせて頂いている僕ですが、入店当初は、まったくと言っていいほど、指名がもらえず、ほとんど売上を上げられませんでした。

そもそも、ラクをしてお金が稼げるだろうと思ってはじめたホストでしたが、そんなに簡単な仕事ではありませんでした。

入店するホストのほとんどが、すぐに辞めてしまうということだけでも、おわかりいただけるのではないでしょうか。

先輩ホストが入れたボトルのお酒を、飲んで空にする。

それが新人の主な仕事。

どんなに長時間働いても、売上がなければ、月に数万円しかもらえませんでした。

まったく売れないダメホスト時代を過ごしましたが、周りの売れているホストから技を盗み、毎日睡眠2時間で、「お客様の心理」を追究し、「徹底した接客」を心がけるうちに、僕はナンバーワンになることができました。

その後の**現役の間、ナンバーワンの座は1度も譲ることはなく、全日本ホストグランプリでは1万人以上のホストの中から、チャンピオンになることもできた**のです。

ホストとは、言うならば「究極の接客業」です。

女性だけでなく、男性のお客様も数多く来店されます。

女性のお客様は、ホステス、経営者、ＯＬ、主婦。

男性のお客様には、経営者はもちろん、ホステスが同伴やアフターで連れてきた〝お客様のお客様〟や、昼の世界では出会うことのない職業の方も、たくさんいらっしゃいました。

通常の接客業では、応対しないような方の、お酒の相手をするというのは、想像以上に大変なことです。

そんな世界で、僕は**「究極の接客術」を身に付けてきた**とも言えるのです。

しかし、日本のトップになったことへの奢りから、その後にはじめたお店を、2年足らずで破綻させてしまうという挫折も味わっています。

そんな僕が、あなたにお伝えできること、それは、**相手の心をつかむための信頼の築き方**です。

コミュニケーションに、どんなに苦手意識のある方でも、本書をお読みいただければ、**充実した人間関係を築き、相手の心をつかむことができる**はずです。

それでは、あなたを、新しい世界へとご招待しましょう。

鶴見一沙

ホスト界の頂点に立つ男の「心を操る」技術　もくじ

第1章　自分のペースに引き込む会話術

第2章 必ず相手の記憶に残る悪魔的テクニック

第3章 相手の「心をつかめるか」は出会う前に決まっている

第4章 上司、部下、先輩、後輩への社内接客術

第5章 成功へ繋がる「切れない縁」のつくり方

第6章 女性の「YES」を引き出すテクニック

第1章

自分のペースに引き込む会話術

1

どんな相手からでも情報を引き出せる魔法の行動

会話をとんでもなく難しく考えている人がいますが、実際は全くそんなことはありません。

会話は、三つの要素を抑えておくだけで、スムーズに進めることができます。

その要素とは、

１）相づち
２）会話を用意する
３）連想ゲーム

の三つです。

一つ目の、**相手の情報を引き出すための「相づち」**について説明します。

まず皆さんのしている相づちは、話の合間に合いの手を入れているようなものだと思います。

「うん、うん。なるほど。うん。うん」

といった感じでしょうか。
でも、会話をスムーズに、そして相手がどんどん話し出してくれる相づちは、違います。それは、前のめりになり興味の強さを表す**「オーバーリアクション」**のことです。

例えば、お互いの趣味の話をしているとき。
相手の趣味に、普通のリアクションを返していてはNGです。

「趣味は○○です」と言われて、
普通なら
「へぇー○○が趣味なんだ！」
で、終わるところを、
「うっそ～！　マジ!?　○○が趣味なの！　すげーな！　オイ！　それめっちゃ興味あったんだよ！　詳しく教えてよ！」
というように返すのです。

実際に、**あなたがその話題に興味があるかどうかは関係ありません。**相手にもっと話してもらうために、オーバーリアクションをするのです。

話の途中でも、

「うん、うん」

ではなく、

「へぇ～！　そうなんだ!!　それでそれで？」

と、オーバーリアクションで食いついてみせます。

あとで詳しく説明しますが、会話は「どれだけ相手の感情を動かすことができるか」がポイントなのです。**相手側に「この人と話しているとなんでも話せてしまう。楽しい」と感じてもらうのです。**

その第一歩がまずは相手に、こちらが興味を持っていることをアピールすること。

それが相づちなのです。

みなさんも、相手のリアクションが大きいほうが話したくなりませんか？

2

会話は「趣味の追求」一つでうまくいく

会話の基本はキャッチボールです。

相手の話をしっかり聞くこと。

そして、あなたの話に興味がありますよ！　ということを伝えるために大袈裟な相づちを打つことが大切です。

そして、話題にすると、もっとも盛り上がるテーマは、**「趣味の追求」です。**

趣味の追求とは、相手の好きなことについて話してもらうことです。その話を深く掘り下げて話せば話すほど、話し手は熱くなり感情が高まります。

趣味の追求は、相づちを打ちさえすれば会話が成り立ち、相手側は満足してくれるという非常にラッキーなコンテンツなのです。

こちらが面白いことを言わなくても、相手が勝手に楽しんでくれます。

ですから、あなたは相づちを打っているだけでいいのです。それだけで会話は成立し、相手は大満足します。

例えば、

あなた「Aさんの趣味は何なの？」
Aさん「恥ずかしいな。実は登山なんだよね」
あなた「登山？　珍しいね！」
Aさん「登山したことある？」
あなた「登山はないな！」
Aさん「そうなんですね」

と、右のような受け答えだと会話がすぐに終わってしまいます。

これでは本当にもったいないのです。せっかく趣味という盛り上がるコンテンツがあるにも関わらず、わずか10秒で趣味の話が終了しています。

とにかく、**相手の話に興味を持ち大袈裟にリアクションをする。**これだけでいいのです。

何度も言いますが、相手の趣味を話題にするということは、相手は自分の好きなことを話しているということです。

ですから趣味の話をしている限り、相手がつまらない気分になることは、絶対あり得ないのです。

僕であれば、相手と左のように話します。

鶴見「Ａちゃんって趣味は何なの？」
Ａさん「恥ずかしいな。実は登山なんだよね」
鶴見「えー？　登山ー？　すごいね！」
Ａさん「登山したことある？」
鶴見「え？　ないない！　でも登山には前から興味あったんだよ！　いつか富士山には絶対登りたいし！　それで？　それで？」

後は

「へぇー！　それで？　それで？」

「うん、うん、おぉー！　本当!?　すごいな！」
と相づちを入れて話していけばいいのです。

他には、そのまま単語を繰り返す、オウム返しでも構いません。

「冬は足場が凍っていたりして危険なのよね」
「へぇー、冬は足場が凍ってるんだー」

繰り返しますが、趣味の話は、こちらが面白いことを言わなくても、相手が自ら勝手に楽しんでくれるところがポイントです。

そして、**重要なのは、相手が本気で本音を話してくれているか？　ということ。**
本気で話すということは、そこに何かしらの強い感情があります。
会話は、感情を引き出させることが目的と言っても過言ではありません。
話が盛り上がっていれば、自分から何を話そうかと心配しなくても、会話の流れで相手から質問がくるもの。

ですからその時に答えればいいのです。

このように、趣味の話だけで2時間くらい平気で会話が続く場合もあるくらい、趣味というコンテンツは強力なのです！

3

会話が続かない人は、何が足りないのか？

僕はコミュニケーションのコンサルティングを、企業や個人を対象に行なっています。その中で、一番多い質問が、会話をするときに「何を話していいのかわからない」ということです。

ここで重要なことは「会話のネタを用意している」かどうかです。

話せない最大の理由は、会話のネタをあらかじめ用意していないことです。

勝負は戦う前からはじまっています。

そして、勝敗も戦う前に決まってしまいます。

どんな勝負でも、出たとこ勝負でうまくいくはずがありません。

戦争に行くのに武器を持たない兵隊がどこにいるでしょうか。

僕が現役の時には、まず、これから接客するお客様の容姿や服装などを見て、どのような会話が盛り上がるのかをシミュレーションしていました。

時には僕の前に接客したホストに情報を聞いて、接客内容を考えたものです。

僕は今も必ず、初対面や大事な人と会うときには、ある程度の会話を用意しておきます。

まずは、**最低でも10個。**

会話の武器となるネタを用意していくようにしましょう。

ネタの例としては、趣味、好きな映画、観たい映画、職種、共通の知人の話、美容、ファッション、時計、雑誌、本、アニメ、漫画、おいしいお店、お洒落なBAR、モノマネ、行ってみたい国、行ったことのある国、保険、株、FX、不動産、スポーツ、ゴルフ、ギャンブル、お酒、女性、風俗、キャバクラ、家族、子供、すべらない話、普段何て呼ばれているか？　血液型、SかMか、誰に似ているか、旬の芸能ネタ、ニュース、スマートフォン、SNSネタ、雑学……など。

まだまだ会話にはたくさんのコンテンツがあります。

この中で**自分が話せる内容をあらかじめ考え、自分から振れるようにしておきましょう。**

そして、いつ振られても平気なようにしておくのが、会話の用意というものです。

4

すべての会話は「連想ゲーム」

会話とは、「相づち」と「会話の用意」と、最後にこの「連想ゲーム」で成り立っているとお伝えしました。

会話を発展させるためには、相手が発した言葉から次の言葉を連想し、話題を広げていくのです。

バナナと言ったら黄色、黄色と言ったらレモン、レモンと言ったら酸っぱい、酸っぱいと言ったら梅干し……といった感じに、連想します。

ほとんどの会話が、この連想ゲームで成り立っているのです。

先程の登山が趣味の女性の例で考えると、登山という単語をスタートとします。

登山↓富士山↓雪↓寒い

登山に興味あるんだ！　↓富士山に登ってみたい！　↓頂上に雪ってあるの？　↓寒いんでしょ？　どんな防寒をするの？

登山というキーワードから連想できる単語は、まだまだ無数にあります。更に話を広げていくためにも、この連想ゲームを意識しましょう。

それでは会話術のまとめとしてこの基本的な一連の流れをマスターしましょう。

1）相づち

相づちで相手の話したい意欲をかきたてます。これは相手が興味を持っている話題を引き出す作業です。

2）会話を用意する

そして、**いつでも新しいテーマの会話ができるように、自分でも会話の話題となるものをしっかりと準備します。**

3）連想ゲーム

更に、**これらの話題に相づちを打ちながら、連想ゲームで話をすれば永遠に途切れることのない会話ができるようになります。**

この感覚をマスターすると会話が自然と成り立っていくのです。

5

「知らないフリ」は「得」をもたらす

これはどういうことでしょうか？

例えば、友だちから、

「知ってる？　駅前に新しいラーメン屋さんができたんだけど、すごく美味しかったよ」

と言われたとします。

しかし、あなたは既に、この新しいラーメン屋へ週に二回くらいのペースで通っています。

この「新しいラーメン屋知ってる？」の問いに、あなたなら何て答えますか？

「あー！　行ったよ！　そこのラーメンめっちゃおいしいよね！」

という同意タイプ？

「行ったことあるよ！　ラーメンも美味しいけど餃子も最高だよ！」

と、更に情報を付け加えるタイプ？

これは、**どちらにしても、あまり好ましくありません。**

相手の立場を考えると、「知らないフリ」をするのが正解なのです。


相手は、あなたのために、あなたに有益な情報を提供してくれたのです。

これに対して、あなたは「知ってる！」や、相手の情報の不足部分を伝えてしまう。これでは、相手を否定する言葉になると、僕は考えています。


だからといって嘘をついてまで知らないフリをするのが良いのだろうか？　と、あなたは疑問に思うかもしれません。

でも、これは「嘘」ではありません。

これが**「空気を読む」**ということなのです。

僕ならば、

「へぇー！　そうなんだ！　何て所？　さっそく明日行ってみるよ！

いい情報ありがとうね！」

と言うでしょう。そして次の日に、

「昨日のラーメン屋に行ってきたよ。すごく美味しかった！　あそこの餃子も食べた？　餃子も抜群においしかったよ。今度は一緒に行こう！」

と、**実際に行ってみた感想を相手に伝えます。**

こうすることで、相手は確実に満足してくれます。

このようなコミュニケーションを心がけておくことが、先に繋がっていくのです。きっと、相手はまた新しい情報だったり面白いことを教えてくれるでしょう。

しかし、他の二つのような対応をしてしまうと、「なんだよ」と、相手はしらけて他の情報を与えようという気力もなくなってしまいます。

この空気を読むということができない人が多すぎます。本当にもったいないです。

人は意見を言いたい、何かを教えたい生き物なのです。

せっかく会話するのなら、相手を気持ち良くさせてあげましょう！

特に自分より目上の人の話なら尚更です。

ありがちですが、何度も同じ話をされても、しっかり知らないフリをして食いつくこと！

それだけで相手は気持ちく良くなってくれます。

僕はこれだけで、たくさんの先輩から可愛いがられてきました。

知っていても知らないフリ。

これを覚えておいてください！

6

一流のホストは、気付くポイントが違う

僕は現役時代に、自分が接客している最中にも、周りのお客様への気配りも大切にしていました。

接客とはなんでしょうか？
それは、**目の前にいるお客様を楽しませることです。**
しかし、**プロになると自分の能力の7割の力でお客様を楽しませます。**
もちろん手を抜くわけではなく、7割でも最高の接客ができるようにならなくてはいけないという意味です。

そして、他の3割は、**周りを見る能力に使います。**

自分が接客している席の左右のお客様
目の前にいるお客様
左斜めと右斜めのお客様
そして自分がついているお客様

一流のホストは、最低６卓のお客様を見ています。
見るポイントは、まず、**誰もついておらず、お客様だけになってしまっている席です。**

グラスが空になっていないか？
タバコをどのタイミングで吸うのか？
トイレなどで席をはずしていないか？
携帯を何秒見ているか？
指名のホストが何分帰ってきてないか？

などです。
お酒がなくなったらすぐにつくり、タバコを吸うなと思ったら火をつける。
トイレの後には必ずおしぼりを渡す。
携帯を見ている秒数が長かったら声をかける。
指名のホストが長い時間戻っていないのなら、「今、担当呼んでくるから待っててね」と伝えます。

自分のお客様を接客しながら、更にこれらを秒刻みで一人ひとり見ていきます。
これが、一流のホストの**目配り気配り心配り**です。

変な話、指名のホストがすぐに戻ってこなくてもいいのです。
そのひと言をお客様に伝えるか伝えないか？　が重要なのです。
これらを全部、３割の能力でやるのです。

目で配るとは、まずその現場を確認するということ。
気で配るとは、そこに気持ちをのせて発言するということ。
心で配るとは、相手の立場になって感じ行動するということ。

一見、難しく感じるかもしれませんが、誰にでもできるようになります。
これが目配り気配り心配りです！

第2章

必ず相手の記憶に残る悪魔的テクニック

1

「印象に残る接客」とはなにか？

相手の心に残らなければ会っていないのと同じです。

現役のホストがお客様から指名をもらうには、フリー（指名なし）のお客様を接客し、そのお客様に気に入られなければなりません。

フリーのお客様の場合、一度の来店に、平均30人のホストが順番に席に着き、接客します。

ですから、ホスト一人の持ち時間は大体10分前後になります。

その10分で、**どれだけお客様の記憶に残ることができるかが、勝負どころです。**

全員の接客が終わると、お客様に気に入ったホストの名前を伺います。

そこで、名前を呼ばれたホストが、最後にお客様を送り出す役割を果たすのです。

実は、ここが重要なのですが、最後にホストの名前を伺ってもなかなか出て来ません。お客様から出てくる言葉は、「えー？　ほとんど憶えていません」です。

ホストはみな、全力で接客をしています。

しかし、お客様に憶えてもらえるホストは、どんなに多くても、**30人中たった3人程度**なのです。

つまり、**「記憶に残っていない＝印象が薄い」**ということです。

どんなに素晴らしい接客をしていたとしても、相手の記憶に残っていない接客は、実質、接客していないのと同じです。

お客様が憶えていなければ、出会っていないのと同じなのです。

ですから、**接客とは、どれだけ相手の記憶に深く刻むことができるか、**なのです。


それでは相手の記憶に残る接客とはどのようなことなのでしょうか？

それは、**接客中にどれだけ強い感情をださせることができるかです。**

感情とは「喜怒哀楽」のことを言います。

喜び、怒り、哀しみ、楽しみ……。

この**喜怒哀楽が強ければ強いほど、人の記憶にその出来事は刻まれるのです。**

あなたは2ヶ月前の夕食に何を食べたのかを覚えていますか？

恐らくほとんどの人は、覚えていないでしょう。

でも2ヶ月前に、食中毒にあっていたのであれば、嫌でもその日の夕食のことは覚えているはずです。

これはその時に「怒」「哀」などの強い感情が働いていたからこそ、覚えていることができたのです。

意外かもしれませんが、「怒り」もまた、相手の記憶に残る大事な感情です。

大きな声では言えませんが、初対面の接客において、**相手に憶えてもらえないくらいなら怒らせろ！**　と、僕は伝えています。

もちろん、お客様が怒ってお店から帰らない程度にです（笑）

その相手から指名をもらえるかもらえないかは別として、相手の記憶には確実に残ります。

「あ〜！　腹立つ！　あのホスト、ムカついた〜！」

それでもいいのです。

記憶に残らないやつよりも確実にチャンスはあります。

初対面に関しては、何かしらの感情を出させて相手の記憶に残した者の勝ちなのです。

2

相手を怒らせることで相手の好意を引き出す

好きの反対は何でしょうか？

みなさんは、「え？　そりゃ〝嫌い〟ですよ」と思うでしょう。

しかし、そうではありません。

「好き」の反対、それは「何も覚えていない」です。

要はそこに居たのかも覚えてない、その人と話した記憶もない、ということです。

これは、先ほどの記憶に残る接客と、全く同じ理由からです。

ですから、怒らせてでも記憶に残せ！　と、私はお伝えしたのです。

誰かを「嫌い」だと思う背景には、少なからず、そこに感情があります。しかし覚えていないということは、その相手と話をしても、なんの感情の動きも生じなかった、つまり**「嫌い」以下**になってしまいます。

会っていないことと同じです。

では、怒らせさえすればいいのか？

怒らせたら、そのままでいいのか？

というと、それもまた違います。怒らせたのなら、しっかり誠意を持って謝り、大人としての対応を取らなくてはなりません。

そうすると不思議なもので、時間が経つにつれて、相手の気持ちがオセロのようにパタパタと裏返えるときがあるのです。

信じがたいかもしれませんね。でも、これは本当です。

あなたにもいませんか？　はじめは嫌いだったのに、後で好きになってしまった人が。

どんなに嫌いな人でも、そこに時間と誠意が加わると、相手への印象は黒から白に１８０度変わり、大逆転することがあるのです。

しかし、憶えていなければ、どうすることもできません。

以前、こんな事件がありました。

僕が21歳の頃、働いていたホストクラブに超有名な銀座のママと男性のお客様が、指名もなく突然来店してきました。

テレビにも出ている超有名ママということもあり、お店の社長から従業員まで、みんなであたふたしていました。

ママは、とても高そうな着物にバーキン。

そして、正統派の上品な和髪でオーラを放っていました。

当時のナンバーワンや大先輩を含め、キャストの30人近くが、みんな委縮。先輩からは、とりあえず褒めておけと指示があったので、ママはみんなから褒め千切られていました。

ですが、その様子を観察していると、明らかにママは楽しんでいるようには見えませんでした。

そこで、僕は自分なりに印象に残ることは何だろう？　と考えたのです。

今でも鮮明に覚えています。

僕は、あることを決意してママの席に着きました。

そして、さっと自己紹介と乾杯をし、ある程度話が盛り上がったところで、僕はこう言いました。

「ママの顔は着物より、洋服の方が似合うと思うよ！」

そう言って、ホッペをギュッとつねりました。

その瞬間、僕はとなりの男性客にぶん殴られ、当時の社長からも蹴りが入りました。ママは、「何なのこのホストクラブは？　失礼ね！　気分悪い！」と激怒。

「すみません！」とすぐに謝罪したのですが、会計を済ませて、帰ってしまいました。

もちろんその日は、ものすごく怒られて、落ち込みました。

そして、失礼なことをしたのだからママに謝りに行くのが筋だと思い、さっそく次の日に、銀座のママの店へ伺いました。

その日が僕の人生初の銀座でした（笑）

なんとかママの店を発見し、僕は一人で恐る恐る店に入りました。

そして、ママを指名して、よくわからないワインを入れ、会計30万円を払って帰りました。

長居しても意味がないので、お店にいたのは約10分。

もちろんママは席に着くことなく、僕はそのわけのわからないワインを一口だけ飲み、ただただ30万を払い、後悔して帰ったのを覚えています。

それから一ヶ月くらいが過ぎたとき、僕は見たことのない女性の2人組に指名をもらったのです。

さっそく席に着くと、2人共とても綺麗な女性でしたが、全く見覚えがありません。

「ご指名ありがとうございます。えっーと、どのような経緯で僕のことを?」

「あんた、本当に失礼ね!」

「ん?」

よーくその女性を見て見ると、

「あーーー!!!　ママ!!」


そこには一ヶ月前に僕が怒らせたママがいました。

しかも洋服で！

「すみません。着物姿の時とは全く別人のようだったので気付きませんでした。今日はどうしたんですか？」

「新宿で友達と遊んでいて、ホストクラブに行ってみたいって言うから寄ったのよ」

「ありがとうございます。でも他にもいっぱいホストクラブはあるじゃないですか？　なんでまた僕の所に？」

「何？　いけない？　別にいいじゃない」

「私、お客様の付き合いで一日に何軒もホストクラブをハシゴするからいちいち覚えてないのよ！」

「ってことは僕のことは覚えていてくれてたんですね。当たり前か！　あんな事件起こして（笑）」

「そりゃあね（笑）」

「でも、嬉しいです。ていうか洋服めっちゃカワイイじゃないっすかー！　絶対こっちの方がいいっすよ！」

と言い、僕はまたホッペをつねった。

その時ママは、「ちょっと！」と言い、ただ照れただけでした。

結局ママは、いろいろなホストクラブに遊びに行っていたにも関わらず、どこへ行っても同じ扱いをされていたのです。

ですから、印象に残る店もホストもいなかったのです。

そんな中、銀座のママであるが故に、絶対にされないようなことを、僕がしたのです。そこに強い感情が動くほどのインパクトがあり、憶えていてくれたわけですね。

後日談ですが、次の日に僕が一人で銀座の店に誠意を伝えに行った時点で、僕を指名でお店に行こうと思ったそうです。

僕は見事ママの感情を揺さぶったのです。

このように、人は**そこに強い喜怒哀楽が発生すると、その時の記憶が残るのです。**

次は、どのような会話で喜怒哀楽を引き出すのかをご説明します。

3

喜怒哀楽すべてを引き出し、相手の記憶に刻み込む

相手の記憶に残るためにはどうしたらいいのでしょうか?
それは、**相手に強い感情を出させること。**
先程、こうお話ししました。
その感情とは、喜怒哀楽「喜び」「怒り」「哀しみ」「楽しみ」の四つです。
では、喜怒哀楽をいち早く、相手に出してもらうにはどうしたらいいのでしょうか?
それは、とても簡単です。
相手から過去のエピソードを聞き出せばいいのです。

最近一番喜んだこと
最近一番哀しんだこと
最近一番怒ったこと
最近一番楽しかったこと

これを話してもらうのです。ここまでたどり着ければ、話している相手の感情が、確実に動き、記憶に残ります。

例えば、相手が社長なら、

「社長の起業した時のお話を聞かせて下さい！」

と聞くのです。この話題なら必ずうまくいきます。

起業した時の経験は、誰しも大変なことが多いものです。

すると、そこには喜怒哀楽が絶対に含まれているのです。その話をしてもらうと、高い確率で、相手の記憶に残り、次に繋がります。


重要なのでもう一度言いますが、相手の過去の話を聞き出すこと。

この**本当の過去の物語をどこまで話してもらえるか、が非常に重要なのです。**

なぜなら、それがこれから先の信頼に繋がっていくからです。


ちなみに、僕が銀座のママにやってしまった相手の感情を無理矢理出させる方法

は玉砕型です（笑）

ですから、初対面では、相手の過去を聞き出し、感情を動かすこのようなやり方が良いでしょう！

4

「相手の心」を開く最大の武器とはなにか？

喜怒哀楽を出してもらうことにより、その相手との距離は近づいていきます。

ただし、だからといって仲が深まるということではないのです。

それでは、更に仲良くなり信頼を深めるにはどうしたらいいのでしょうか？

それは**「心を開いてもらうこと」**です。
そのためには、**相手の「本当の過去」を話してもらう必要があります。**

そもそも、他人には簡単に自分の過去をさらけ出せませんよね？

家族の話、恋愛の話、借金の話、過去の過ちなど、人には恥ずかしくして言えない話もたくさんあると思います。

でも、この様な話をさらけ出してもらわなければ、仲は深まりにくいのです。もちろんそこには時間も必要になってくるでしょう。

ただし唯一、**一瞬で仲が深まる魔法の話があるのです。**

それが、「恋愛の話」です。

相手に心を開いてもらいたいならば、まずは自分から心を開かなくてはなりません。

そこで、自分が心を開いていることをアピールでき、尚且つ相手にも共感を持たせることができる話が恋愛の話なのです。

人は心を開いていない相手に自分の恋愛の話はしません。

そして、**恋愛の話には喜怒哀楽のすべてが含まれているのです。**

現在の恋愛、過去の恋愛、昔の彼女、今の彼女、昔の彼氏、今の彼氏……。どれでも構いません。

とにかく相手も恋愛の話をしてくれるよう、自分から恋愛の話をして下さい。最終的にお互いが恋愛の話で盛り上がる図式をつくるのです。

恋愛の話で盛りあがっている二人。これはもうかなりの信頼関係があるといっても過言ではありません。

このように恋愛の話ができるかできないかで、信頼度をチェックすることができるのです。

逆に考えると、相手が恋愛の話をしてくれた時点で、こちらをある程度信頼してくれていると言ってもいいのです。

まさしく**相手の心を開く最大の武器が恋愛の話**だというのが、わかっていただけたでしょうか？

そしてこの恋愛の話がきっかけになり、人には言えない過去の話が、まるで壊れたダムから水が溢れるかのように、どんどん出てくるのです。

心を開くには、まず恋愛の話をして道を切り開く必要があるのです。

5

「信頼」を得るために引き出すべきもの

それでは信頼関係を築くための最終兵器をご紹介します！

前項目で説明した恋愛の話は、手っ取り早く心を開く方法でもありました。

恋愛の話ができる仲になっていれば、かなり信頼関係が良好な証であることは理解してもらえたと思います。

しかし、それだけでは１００％の信頼関係はつくれません。

これを、限りなく１００％に近付ける最終兵器が、**相手の「愚痴と悩みを解決する」ことです。**

人は心を開いたとき、その相手に愚痴や悩みを伝えるようになります。

仕事の話やプライベートの話、恋愛の話、家族の話、お金の話、過去の過ちなど、他にもたくさんあるでしょう。

この愚痴と悩みこそが、最終的に一番信頼関係を築くのに重要なことなのです。

まず、あなたが心を開き、恋愛の話などを相手に伝えて、信頼関係の基礎を築きます。そうすると、相手は徐々に、あなたに愚痴や悩みを打ち明けるようになるでしょう。

そもそも、そうしてあなたに打ち明けている時点で、ほぼ信頼関係ができていると考えてOKです。

そして、更にこの愚痴と悩みを解決することができたのであれば、それこそが100%の信頼に繋がります。

愚痴や悩みを打ち明けられた場合、相手が女性であるのか、男性であるのかで対応方法が異なります。

男性には「解決方法」、女性には「同意」を提供するということです。

では、これはいったいなぜなのでしょうか?

男性が、愚痴や悩みを打ち明けるとき、ほとんどは、相談相手に解決策を求めています。

そこで、解決できなかったり、適当に聞いているだけだと、今まで築きあげた信頼が消えてしまう可能性もあります。

ですから、男性の場合は必ず何かしらの解決策を述べ、それができないときには、**本気で一緒になって悩んであげることが最重要です。**

男性が愚痴や悩みを話すとき、そのほとんどが切羽詰まった状態です。

それらを解決することができたとき、そこに**太い鎖で繋がった絆ができる**のです。

女性には「同意」で対応します。

正確に言うと同意が80％、解決が20％です。

女性からの愚痴や悩みは、聞いてさえいれば、人間関係が低下することはありません。

なぜなら、女性の悩みや愚痴は、感情的になり、話を聞いて欲しいだけの場合がほとんどだからです。

加えて、解決できないこと、実際には、そこまで悩んでいないことも多いものです。特に、恋愛の話、友人の話などはほとんどが愚痴である場合が多いので、解決方法よりも同意してあげることが大切です。

ですが、もちろん内容によっては、解決しなければならないこともありますので、注意が必要です。

喜怒哀楽を引き出す話をすることで、相手の記憶に印象を残し、恋愛の話や過去の話で心を開いてもらう。

そして、出てきた愚痴と悩みを解決する。

この一連の流れができるかできないかで、今後の人間関係が大いに変わってきます。そして、人生までも変わるのです。

6

売れ続けるホストは指名の取り方が違う

ベストなコミュニケーション方法とはなんでしょうか。
それは、**直接会って話をすることです。**
次に電話での会話、そして、文字でのやり取りと続きます。

しかし、現代のコミュニケーション方法は、会って話すよりも、文字で伝える機会が多くなっています。

あなたも、ビジネスやプライベートで誰かと連絡を取る場合、メールを使用していることが多くないでしょうか。

実際に、今現役で働いているホストたちも、ＬＩＮＥやメールばかりを使用しています。

そのため、接客を仕事としている、僕の周囲の人でさえ、面と向かってのコミュニケーション能力が、どんどん低くなっているように感じます。

ですから、コミュニケーション能力が高い人は、よりメリットが得られるようになっています。

女性を口説くのもそう、組織で出世し、成功することもそうです。

では、具体的にどのようなことをすれば、コミュニケーション能力はアップするのでしょうか？

それは、**相手の喜怒哀楽を引き出し、あなたを相手の記憶に刻み込むことです。**

具体的には、

1）恋愛話や過去の話を話すことで心を開いてもらい

2）相手の愚痴を聞き、悩みを解決する

この二つです。

僕がまだ、売れないホストだった頃、接客したフリーのお客様が帰られた後、必ずその日の内に、そのお客様と2時間電話で話すようにしていました。

実際に面と向かっての接客時間は、たった10分だけ。

ですから、更に喜怒哀楽を引き出す会話をするために、電話で会話をし、より相手の記憶に僕を刻み込もうと必死でした。

喜怒哀楽を引き出すためには、まず、その第一歩として、お客様の情報を得ることが重要です。

この情報が、最終的にお客様に喜怒哀楽を出してもらう、引き金となるのです。

もちろん、電話をしたのは、フリーのお客様だけではありません。

僕を指名してくれている既存のお客様にも、営業前に3時間は電話をしていました。

営業後にも3時間、合計6時間。

盆暮れ正月関係なしに、ほぼ毎日電話を欠かしませんでした。

当たり前ですが、プライベートなんてありません。

そうして、やっと僕はナンバーワンへの道を歩みはじめることができました。

メールが普及した時でもメールはほとんど使いませんでした。

こういった、電話でのコミュニケーションと同じような役割を、果たしてメールやＬＩＮＥでできるのか、僕は疑問です。

実際にこのようなコミュニケーションを取っている人たちを見ていると、答えはＮＯと言えます。

ではなぜ、文字のやり取りではコミュニケーション能力が低下するのでしょうか？

そもそも、**文字は「何か伝える」ツールではなく、「何かを連想させる」ツール**とされています。

僕たちが**どんな想いで、どんな気持ちで、文字を送ったとしても、その文字をどう受け取るかは、受け取る側に委ねられている**ということなのです。

基本的に、こちらの感情は「無視」なのです。

そこには「文字」という一次的な情報しか存在しないからです。

人に何かを伝えるとき、会話であれば「表情」「声のトーン」「リアクション」など二次的、三次的情報があります。そこに「言葉」が加わり、はじめてこちらが伝えたいことが伝わるのです。

しかし、それを「文字」だけで伝えようという、この行為自体が間違えているのです。

わかりやすく言うならば、

文字＝小説
会話＝映画

となります。

小説を読んでいる場合、主人公の顔や声は自分でなんとなく想像しますよね？

それが映画になったとき、自分の想像と違ったことはありませんか？

「小説の方が感動した」とか「小説の方が面白い」とか、そんな経験はありませんか？

それは、小説を読む側が、自分の経験をもとに想像し、勝手にイメージし、つくりだしているからです。

このように、会話（映画）ではなく、文字（小説）で伝えると、双方に必ずズレが出てくるのです。

「文字で伝える」と「会って伝える」では、ここまでの差が出てしまいます。

相手に、情報を正確に伝えられない方法では、正しいコミュニケーションとは言えないのです。

売れているホストと売れていないホストとの違いにも、お客様とどのようなコミュニケーションを取っているかに、明確な違いがあります。

売れていないホストに限って、携帯をカチカチいじって、メールばかりでお客様と連絡しています。

売り掛け（ツケ）などのトラブルで入金されないのもこのタイプです。

逆に、売れているホストは、必ず電話でお客様に連絡しています。そんなホストは、お客様と電話で喧嘩もしています（笑）

実は、これはすごくいいことです。

喧嘩ができるほど、お客様と仲が深いということなのです。

メールの場合、普段お客様と文字でしか対応してないため、文字を介さず直接会話をしなければならないときに、どう対応していいかがわかりません。結果、何かあったときの連絡手段も、メールでのやりとりになってしまうのです。

多くの人がメールなどを使い、間接的なコミュニケーションばかり取っているのならば、人とは異なることをやる。つまり、直接顔を合わせて話したり、電話でコミュニケーションを取るなどをすれば、あなたは優位に動くことができるようになるでしょう。

騙されたと思って、三ヶ月メールやＬＩＮＥを一切やめて、この一連の流れを積み重ねてみてください。

あっと言う間にコミュニケーション能力は向上し、世界が変わるでしょう！

第3章

相手の「心をつかめるか」は出会う前に決まっている

1

人は見た目で〝10割〟決まる！

「いやいや、そんなことないでしょう！　人間中身で勝負だろう！」

という声が聞こえてきそうです。

しかし、現実は、そうではありません。

はじめて会った相手とコミュニケーションを取るときに、相手を判断する材料は、見た目でしかありません。

どんなにあなたの内面が素晴らしくても、見た目がＮＧであれば、人はそこに気付いてくれません。**まずは、必ず見た目で判断されるのです。**

はじめに、相手から悪い印象を持たれてしまうと、かなり厳しい状況になるのです。

例えば、豪華な包装用紙に包まれた箱と、どこかから拾ってきたような発泡スチロールに包まれた箱。皆さんはこの二つのどちらを開けてみたいと思いますか？聞くまでもなく豪華な包装紙に包まれた箱ですよね。

この箱を覆っているものは、第一印象と同じです。

第一印象が最悪だった場合、いくら箱の中身（内面）がダイヤモンドでも無視されてしまうのです。このように、相手のことをまだ何も知らない状態においての判断材料は、結局外見でしかないのです。

ですから、**「見た目で勝敗が決まる」と言えるのです。**

人と人の付き合いには、最低ラインの見た目やモラルは必要不可欠です。「中身で勝負」するにも、まず、外見の最低条件をクリアして、はじめて中身を見てもらえるものなのです。

僕たちホストの世界では、特に見た目の影響は顕著です。見た目で失敗すれば、まず、次はありません。

僕が20才でホストクラブに入店したとき、お金は全くなく、いつもスーツのインナーにタンクトップを着ていました。ジャケットはいつも着回しで、タンクトップの色だけを変えていたのです。

ホストは華やかに魅せなくてはならない職業の一つ。

そんな世界でこれから成り上がって行こうとする人間が、タンクトップを着ているようでは、全く話になりません。

本当に致命的でした。厳しい、売れないホストの時代です。

先輩のヘルプについていた頃の話です。

ヨレヨレのスーツを着ていた僕は、先輩のお客様から、

「こっちは高いお金を払っているのに、その格好はなに!? せめてシャツとネクタイくらいしなさい」

と言われたことがありました。

もちろん、フリーのお客様にも、一度も指名されませんでした。

その時先輩に、スーツやアクセサリーは武器。自分に投資しろ！ と言われ、だったら最高の武器を手に入れてやる！ と、やっと決心したのです。

当時流行っていたブランドのスーツが28万。

「うわー！ 高いっ！ 無理だ！」と、逃げ腰になる自分を駆り立て、泣きそうに

なりながらも、借金をしてスーツを買いました。

そして、次の日からそのスーツをまとい出勤したのです。

そこで、本当にビックリすることがありました。

28万円のスーツを着て、歩いて店へ向かう自分が、なんだかカッコ良く思え、自信が湧いてきたのです。

「これが自己投資の効果か！」

スーツだけでなく、ネクタイや靴もそうです。

自分が身につけたいものではなく、**「お客様が指名したいホストは何を身につけているのか」を考えて選んでいきました。**シャツには毎日アイロンをかけ、靴は欠かさず磨きました。

その後、今までヘルプで着いていたお客様には、褒められるようになり、「そのスーツカッコイイね！　どこの？」「一沙君清潔感あるよね！」などのお褒めの言葉と、同時に、指名本数も一本二本と、グングン上がるようになりました。

そして、周りの僕に対する見方も、明らかに変わったのです。

先輩から服装、髪型に注意をされたのは、僕以外のホストも数人いました。

しかし、お金がないなどの理由で、現状維持を続けるホストたちは、その後も指名されることはなく、やがては淘汰されていきました。

この時、僕は**「人は見た目が10割」**なんだと確信したのです。

2

どんな人とでも思い通りのコミュニケーションを取る方法！

「相手が望んでいる人物になる」こと、これがどんな人とでも思い通りのコミュニケーションを取れるようになるための方法です。

コミュニケーションとは一方通行では成立しません。
つまり、あなたがコミュニケーションを取りたいと思ったとしても、相手があなたとコミュニケーションを取りたいと思わなければ成立しないのです。

人間は必ず相手に何かしらのメリットを求めています。

普段は意識していないと思いますが、コミュニケーションを取ろうとする場合、意識の根底で自分にメリットとなることを求めて行動を起こしているのです。相手にあなたと話したい、コミュニケーションを取りたいと思ってもらえるメリットを相手に感じてもらわなくてはなりません。

例えば恋人なら、
寂しさを埋めてもらえる、居心地の良さを感じられる、優越感を得られる、お金持ちになれる、性的欲求を満足させられる……。

友達なら、

一緒にいて居心地がいい、価値観や趣味があう、友達の輪が広がる、一緒にいると面白い、利用できる……。

仕事なら、

お客様だから、自分より役職が上だから、尊敬できる先輩だから、かわいい後輩だから……

など、このようにコミュニケーションを取っているすべての人は、メリットの交換で成り立っていると言っても過言ではありません。

そもそもあなたにとって、デメリットしかない人とは付き合いませんよね？　生理的に受けつけない人、不愉快な人、気持ち悪い人……。こんな人達とは関わりたくも連絡を取りたくもないでしょう？

少なくとも僕はそうでした。

このように、人は自分にメリットがある人と、コミュニケーションを取りたがるものなのです。

あなたが距離を縮めたい人に、あなたとコミュニケーションを取りたいと思わせるには、まずは「外見を変える」ことです。

もちろん、その外見とは、**相手が望んでいるであろう外見です。**

3

印象を変化させる方法

「相手が望んでいるのであろう人物像」を想像し、自分の外見をつくりあげる。

これだけで、相手のあなたへの興味は劇的にアップします。

ホストクラブに入ったばかりの新人の頃、僕がやったことは、まさにこれでした！

「見た目を磨くこと」の重要性を学んだ僕の、次のミッションは、「外見だけでナンバーワンのホストに見られるようにすること」でした。

ナンバーワンホストの給料を稼いでいなければできないような、高額のファッションを、当時の僕がしたことによって、周りの目はあきらかに変わりました。

すぐに指名が殺到するようになり、そこから着実にナンバーワンまでの道を登りつめていきました。

そのために、苦しい思いをしながらも、まず、外見に並外れた投資をしました。

ダイヤをちりばめた時計

ダイヤのネックレス
ダイヤのブレスレット
最高級のブランドスーツ
最高級の車

これらを、当時の歌舞伎町のどのホストよりも、高い値段でコーディネートしました（金額は徹底的に調べました）。

ですが、たったこれだけのことで、僕のことをはじめて見た人は、目で見て、肌で感じてこう思います。

「なんだこの人は？　とんでもないぞ？　今までのホストの中で一番売れているんじゃない？」

好き！　嫌い！　と思わせるのでなく、まずは「すごい！」と思わせるのが、アプローチの近道です。結果これが噂を呼び、僕の元にはお客様、従業員、そして仲間がいっぱい集まりました。

相手が自らコミュニケーションを取りにきてくれたのです。

ポイントは「自分の好きな服装ではなく、相手が食い付くであろう格好」をして、演じること。僕が目指したのは、「他のナンバーワンとは圧倒的に異なるナンバーワンホスト」でした。

これをお客様に感じさせる服装へと変えたのです。

外見は、コミュニケーションを取りたいと思っている人の属性によって変えるとさらに効果があります！　外見に力を入れることにより、確実にあなたとコミュニケーションを取りたいと寄ってくる人が急増し高感度が上がるのです。

ですから、外見は必ず磨かなければなりません。

自分がそう思われたいという人間像に限りなく近づけるのです。

内面を変えるには時間がかかるし、とてもむずかしいのが現状です。しかし、外見は一瞬にして変えることができます。

自分がしたい格好でなく、自分がどう思われたいか？

どういう人と付き合いたいか？　を考えましょう。

4

最後に勝つ人は、「学び」、即「行動」する

僕が講演などをする際に、必ず言うのが**「インプットの後に絶対にアウトプットして下さい」**というです。自己成長するためには、必ずインプットとアウトプットが必要となってきます。


インプットとは「知識」のこと。

そしてアウトプットとは「行動」のことです。

この二つ、似てるようで全然違います。正直にお話しすると、インプットはたいして重要ではありません。

大事なことはこのアウトプットなのです。


インプットという言葉だけで、なんだかモノにしたような気分になりますが、この感覚が非常に良くありません。

大体の人はインプットしただけでやった気になってしまいます。でも、それではダメなのです。アウトプットをしてはじめて自分の身になるのです。

インプット「知っている」とアウトプット「やったことがある」の間には100

万倍くらいの差があるのです。

どんなに素晴らしい講演を聞いても、どんなに素晴らしい本を読んだとしても、どんなに素晴らしい知識を入れても、それを行動に移さなかった時点で学んだ意味がなくなってしまうのです。


僕が、水商売で成功した理由は、とにかくアウトプットしまくったからと言っても過言ではありません。


先輩に教わったことを必ず実行する。

本で読んだことを必ず実行する。

たったこれだけですが、僕は忠実に実行してきました。


僕が日本で一番のホストになれた最大のポイントは、自分が「この人だ！」と思った人を徹底してモデリング（コピー）したこととも言えます。

この場合のモデリングとは、見本となる人から良い点を自分の中にインプットし、そっくりそのままアウトプットするということです。

僕は、その人になりきってやっていました。

僕は当時の先輩の言葉、行動、思考、趣味、癖、しぐさ、食べ物、飲み物、ファッション、髪型、営業方針、怒り方、笑い方、電話の掛け方から切り方、何から何までをインプットし、即アウトプットをしまくりました。

意識せず行動しても、その先輩と兄弟？　と言われるレベルまでです。

とにかくモデリングをすれば間違いなくその人に近づけるようになります。

僕は新人の時から２~３年かけて、計４人の売れっ子先輩ホスト達をモデリングしました。

一人は超カッコつけキャラ
一人は三枚目のおバカキャラ
一人はオラオラなキャラ
一人は色恋（疑似恋愛）キャラ

僕のベースはこの４人の先輩から成り立っています。実質はただ真似をしただけ、盗んだだけとも言えますね（笑）

しかしポイントは「4人」から盗んでいるという点です。

4人から盗むことにより、どこにもいない完全にオリジナルなホストとして確立することができます。

結果として、その後にホストとして売れなかったこと、悩んだことは一つもありませんでした。後先考えず全力でモデリングし、インプットとアウトプットを延々と繰り返した結果です。


重要なので何度も言いますが知っているではダメなのです。

「知っている」と「やったことがある」の間には、1000万倍くらいの差があります。0を一つ増やしました（笑）

確実に自分のモノにしたいのならば、アウトプットをしまくり己の血となり肉となり骨としなければなりません。

そのために、経験を何回も積み重ねるのです。

インプットからのアウトプット、アウトプットからのアウトプットです！

5

自分をブランディングしていく

すべては自分をいかに売り込むか。
すべての商品はモノではなく自分です。

「はじめに」で、自分が神様にならなければならないと書きました。

なぜならば**「商品は自分」**だからです。**商品価値をどれだけ高めるか？　が非常に重要なのです。**

この世の中は、自分の価値が高ければ高いほど周りから評価される世界です。

スポーツ選手、弁護士、医者、プログラマー、公務員、サラリーマン、すべて商品は自分です。

その人の価値を誰かしらが評価して、あなたにお金を払っています。

それでは、自分の価値を評価されない人間はどうなるでしょうか？

サラリーマンなら会社からはリストラされるでしょう。

スポーツ選手ならば選手生命は終わるでしょう。

このように人から評価されなくなった時点で、自分という商品価値はなくなってしまうのです。

ですから、常にインプットとアウトプットを繰り返し、新たな自分をブランディングしていくことが重要なのです。

今の自分に満足するな！　これは、新人の頃の先輩からの教えです。

僕がこれまでに見てきた、失敗して消えていく人たちは、現状の自分に満足し、努力を怠っていた人たちでした。つまり、

「現状維持＝死」なのです。

なぜなら、自分は現状維持で良しと思っていても、周りは着実に動いているからです。

実際に僕もそうでした。

日本一のホストになった年の一年間、僕は本当に王様の様な気持ちで過ごしました。王様気分に浸りこの状況に満足し、ろくに努力もせず新しいお店を立ち上げました。しかし、その2年後、お店は破綻し潰れました。

それは時代や背景を、無視してずっと現状維持を続けていたからです。

なによりお客様や従業員との人間関係をないがしろにし、無敵だと思っていたバカな自分がそこにいたのです。

このように今の自分に満足するような行為、もしくは自分の成長にストップがかかる行為はアウトです。

現状維持＝死。

それを避けるために、常に新しい自分をブランディングしていかなければなりません。それが、商品としての自分の最大の使命だと考えています！

第4章

上司、部下、先輩、後輩への社内接客術

1

仕事の後こそ人間関係をつくる最高の時間

これは企業のコンサルティングのときに、クライアントに必ず理解していただくことです。

仕事の後こそ、人間関係をつくる最高の時間なのです。

はっきり言います。部下、もしくは上司と会社の中だけで良い人間関係をつくるのは不可能です。

なぜでしょうか？

それは**人間関係とは仕事以外の時間につくるもの**だからです。

会社は仕事をする場所です。つまり、結果を出すところ。

人間関係をつくるための場所ではありません。

みんな、自分の仕事のために全力投球しています。そんな余裕のない状況でコミュニケーションを取り、人間関係をつくることは難しいのです。

より良いコミュニケーションを取ることは、余裕があるときにしかできません。

なぜなら、**コミュニケーションとは、相手のためにするものだからです。**

ですから全力投球している仕事の時間に、人間関係を構築しようとすること自体がナンセンスなのです。


それではいつ人間関係をつくるのでしょうか？

それは誰しも余裕を持てるとき。

つまり、仕事以外の時間になるのです。


僕が新人の時にお世話になった先輩は、営業のあとにご飯に連れていってもらい、仲良くなりました。

同期の奴らとはナンパやパチンコ、買い物などで仲良くなりました。

このようにプライベートを共有することにより、人の仲は良好になっていきます。

そしてそこには、くだらない話から、人には話せない重い相談まで、職場では絶対に話せないたくさんの内容があったりします。

このようにプライベートで同じことを共有すると人間関係は上手くいきやすくなるのです。

今、現在も立ち上げメンバーの従業員（現社長や執行部）とパチンコの話や競馬の話で盛り上がることが度々あります。

これは、立ち上げ時から、趣味を一緒に共有してきたからです。

中には「プライベートを共有といっても、中々趣味や特技も合わないし」という意見もあるでしょうが、別に趣味を合わせる必要はありません。

相手の趣味に興味を持つことが重要なのです。

そして、男性限定の方法ですが、必ずプライベートでも仲良くなり、その後の人間関係もうまくいく方法が、女性を絡めることです。

ほとんどの男は女性が大好きで、どんな人でもバカなことばかり考えています（笑）

これは99％の男性に共通していることですよね。確実に共感できる楽しみと言えば女性なのです。

よく、人間関係を良好にする本やマネジメント、リーダーシップ、コミュニケーション能力向上の本などに、同じような内容が難しく書いてあります。ですが、**それですぐには人間関係は良くなりません。**

それよりも、一度騙されたと思って、部下や上司を連れ、いかがわしいパブに行ってみて下さい。2秒で仲良くなります（笑）

ただ、注意していただきたいのは、**キャバクラには行かないということです。**キャバクラでは、人間関係が良くなることはあまりありません。それは上司が見栄を張ったりするので接待的感覚になってしまうからです。

このように**プライベートで人間関係をつくっていく方が何倍も早く仲良くなります。**

そこからマネジメントなどをしていった方が、仕事も人間関係も円滑に回るようになるのです。僕らはこのプライベートからの団結力を仕事にも活かしているのです。

2

「怒り」では人を動かせない

まずは怒ると叱るの違いはどこでしょうか？

「怒る」は自分の感情でしかありません。
「叱る」は相手の成長を願う行為です。

これはウチの幹部達にも話すのですが、叱るとはまずそこに怒りの感情がありません。相手のことを思って注意をするということですね。もっとわかりやすく言うとそこに愛があります。相手にこうなって欲しいという願いが込められているのです。

ですから、叱られている相手にもその気持ちは伝わるのです。

それとは逆に、「怒る」とは感情がむき出しになり、そこに怒りという感情しかない状態です。自分でもわけがわからなくなったり、理不尽になったり、手が出たりします。この場合は怒られている側からしたら納得がいかない場合がほとんどです。

これが怒る人がうまくいかない原因です。

上司であるならば部下のミスを、怒るのではなく叱る意識を持たなくてはなりません。

あなたよりできないから、あなたの部下なのです。

本当に部下のことを思っていたら怒るのではなく叱ってあげましょう。

できる上司は思い切り叱って、フォローは違う人間に、こう頼んでおきます。

「あいつは本当にお前の成長を思って叱っているんだぞ？　いつも一緒にお前の今後が楽しみだって話をしているんだよ」

そこに後輩を想う愛があれば、ここまで考えることができると僕は思います。

なので今も昔も変わりません。怒るではなく叱るの精神を持ちましょう！

3

先輩を立てることで自分が活きる

これ、本当に覚えていて欲しいのです。特に男性です。

今の自分が在るのは、これまでに教わった上司や先輩のお陰だということです。

自分が成長して、例え、給料や役職が上がっても、必ず先輩を立て続けることを忘れてはいけません。僕は水商売で生きてきて、嫌と言うほど裏切りや不義理を行う人間を見てきました。

そして、**どんなに上手く立ち回ろうと、その時は上手くいっていようと、裏切りや不義理をした人間は、いずれ必ず失敗します。**

僕は20歳の頃に水商売をはじめました。

そこからの僕の人生は、水商売で出会う人たちの影響により構成されています。

その**自分を構成してくれた人を否定するということは今の自分を否定するのと同じです。**

出会ったすべての人が、今の僕をつくってくれた、いわばルーツなのです。

だからその中でも確実に影響をうけている先輩を僕は絶対に立てるようにしています。

裏切りなどもってのほか。どんな不条理があっても義理や筋を通すことを大切にします。

その気持ちは必ず先輩にも伝わります。

お陰様で、今でも僕は歌舞伎町では先輩にすごく可愛がられます。相談もするし相談もされます。トラブルであれ何であれ、お世話になった先輩の元へは、みんな、すぐ様駆け付けるのです。

先輩や元オーナー、元店舗の代表幹部、同業の先輩、現オーナー、仲間、そして後輩たち。

みんなが僕をつくってくれているといっても過言ではありません。

しかし、そうは言ってもやはり水商売。欲の渦の中で仕事をしています。中には、先輩を立てることすらせず、目の前の利益を優先したり、当たり前のように裏切ったり……。

以前、僕の先輩に、所属していた店に不義理をして、独立した先輩がいました。詳細は、本書では省略しますが、当時の僕も「信じられない！」と、憤慨するほどの裏切り行為でした。

その人は、その後どうなったかというと、所属していた店のグループ全体と敵対し、それを筆頭に、仲の良かったホストクラブすべてから、痛い目にあわされていました。お陰で良くない噂も広がり、わずか半年で潰れるという結末になりました。

これとは逆に、しっかりと義理を立てて独立をした先輩は、さまざまな人からの応援を受け、現在も、店の経営は人間関係など、うまくいっているのです。

もちろん僕も後者です。

このようにひと時の欲にかられて、不義理をし、敵を大勢つくるのか？　それともひと時の欲を我慢して、義理を立て、仲間を増やし、後々の利益を取るのか？　どちらがいいかは明白です。

考える以前に答えはもう決まっているのです。

結局、人に感謝できないやつは自分も感謝されないのです。ですから、恩義は忘れてはなりません。

恩義さえ忘れなければ自然と先輩やお世話になった人を立てることができます。

一つ一つの縁が自分を変え人生を変えます。

その縁を生かすということは、一度でもお世話になった人間の恩義を忘れないことです。

4

「説得」ではなく「納得」させることで人は動く

人は説得しても動かない。
だけど納得したら動く。

これは、僕の尊敬する人の言葉です。

相手を納得させるのは、非常に大変なことです。
そのためには、どうしたらいいのでしょうか？
それは心を開いてすべてを吐き出してもらうしか方法はありません。

しかし、人はそう簡単に心を開いて話してはくれません。特に、後輩や部下は、顕著です。ここでも、どれだけ相手と人間関係を構築しているかによるのです。

ポイントは、**意見を言いやすい環境をつくってあげることです。**
先ほどもお話ししましたが、社内で意見や不満を言えと伝えても、そう簡単には出てきません。

しかし、少し環境を変えると、居酒屋やＢＡＲなどお酒の席やプライベートな場では、意見がかなり出やすくなります。ポイントは、こちらから仕事の話をしないこと。前フリとして、仕事は順調なのかを問い、そして、心を開いて出た意見に対して、しっかりと話し合いをすることです。

一つずつ納得をさせていくのです。

この一連の作業は本当に大変です。

しかし、心を開いてくれれば、こちらから本気で当たっても、さほど問題はありません。問題は潰すのではなく納得させるのです。

今まで出会った部下の中には、

敬語が使えない

挨拶ができない

税金の意味を知らない

富士山を知らない

前科がある

こんな人が山ほどいました。だからと言って諦めることはありません。
それでも諦めず納得するまで伝えていくようにしています。
それしか方法はないのです。

一度言ってダメなら二度
二度言ってダメなら三度

わからないならわかるまで100回は言う覚悟を持つ。
部下は説得するのではなく、納得するまで根気強く話す。
これしかありません！

第5章

成功へ繋がる「切れない縁」のつくり方

1

勝負すべき「自らの得意分野」を見つける方法

人生は冷蔵庫のなかのもので料理をつくる。

足りないものに目をむけるのではなく、あるものを生かそうという考えがとても大切。


秋元康さんの文章から引用しましたがとてもわかりやすいですね。


いくら考えてもないものはない。

そこに劣等感を感じても仕方がない。

だからこそ、**自分の今ある武器で戦うしかない。**

自分を客観視できるようになる。


僕は歌が下手です。

ホストクラブでは営業終了前に、ラストソングと呼ばれるナンバーワンの歌の披露が行なわれていました。でも、僕は歌いませんでした。

今はカラオケを歌えるホストクラブはほとんどありませんが、昔は歌が自分をアピールするツールの一つでした。
みんなここぞとばかりに、十八番のナンバーを歌い、アフターでもカラオケに行って、歌でアピールし、お客様の心をつかんでいました。

それでも、僕はカラオケには行きませんでした。
僕は歌で勝負していたら一生勝てないとわかっていたので、違う何かで勝負すると決めていたからです。

では、何で勝負するのか？
それは、自分の得意なフィールドです。

ボーリングが得意ならボーリングに行けばいい。
ビリヤードが得意なら、ビリヤードをすればいい。

僕はトークが得意なので、ゆっくり話ができる場所に、お客様を連れて行くことがほとんどでした。

必ずしも、みんなと同じフィールドで勝負しなくてもいいのです。
つまり、自分の得意なフィールドに連れて行った者が、有利になるということです。

では、自分の得意分野を見つけるヒントは、次の三つです。

自分が好きなこと
自分が褒められたこと
身近な人に、自分が向いていると言われたこと

僕がトークで勝負しよう、と決めることができた理由は、周りからよく褒められたからです。
「おもしろい！」「楽しい！」と言われて、当時は何がそんなにおもしろいのか疑問でした。でも、ある日、マイクを握ってシャンパンコール（高価なボトルを入れていただいたときに行なわれる、マイクを使ったパフォーマンス）をやった時に、お客様方から立て続けにボトルのオーダーをもらいました。
理由は、僕のマイクコールがおもしろいという理由でした。

この時に、よし！　僕はトークで行くぞ！　と決めたのです。
ちなみに、自分が好きなことは女の子を落とすこと（笑）
この二つが、融合しているのがホストクラブでした。

ちなみに、僕はトークが得意ではありますが、噛みに噛みまくってしまいます（笑）。それでもトークに磨きをかけ、より自分が輝ける場所で戦いました。

その場所とは、仲良しのオカマバーだったり、仲良しのホストクラブだったりでした。これらは確実に自分が有利になるフィールドだからです。
その結果、お客様はどんどん増えていき、ライバルを蹴散らすことができました。
あなたも、自分の勝てるフィールドで戦いましょう！

2

「人脈」とはその先にある無限の人を見ること

これは人と人のネットワーク構築の話です。

実は、先述の銀座のママの話には、続きがあります。
その日を境に、銀座のママから指名をもらえるようになった僕は、ママと良好な関係を築き、新しいお客様をたくさん紹介してもらいました。

ママのお店の女の子
社長夫人
不動産屋社長
パチンコ店社長
芸能人

ママのお店の女の子たちを連れてきてくれたお陰で、他のホストたちの指名もみるみる増え、売上が上がりました。
おそらく30人近くを連れてきてくれたように思います。

社長夫人からは、一日に２５００万円もの売上を出させていただきました。

不動産屋社長からは、物件や寮を格安で借りることができました。


なぜ僕に、このような人脈ができたのでしょうか？

答えは簡単です。銀座のママのおかげです。

僕ではなくママがつくってきた人脈のおかげなのです。

僕らは、**ママに気に入ってもらい、その人脈を紹介してもらったにすぎません。**

ママがいなければ、紹介してもらった方々と出会うことはありませんでした。


幹がなければ枝は出てきません。

そして、葉も花も咲くことはないのです。

ママが幹で、その紹介していただいた方々は枝、そこから得たものが花です。

ですから、**どのようなことがあっても、ママに恥をかかせたり、ママの顔に泥を塗るようなことをしてはいけません。**

それはママがいて、はじめて得られた結果だからです。

僕のもっとも尊敬する経営者、東証一部上場会社ネクシィーズの近藤社長は、人脈に関してこのようなことを言っています。

Aさんから Bさんを紹介してもらいます。

そして、**Bさんと会ったときには、AさんがBさんのことを、どれだけ好きで、どれだけ慕っているかを伝えます。**

あなたが伝えることによって、AさんとBさんの絆が、より深まるのです。

そして、**Bさんと別れたその瞬間に、Aさんに電話をしてこの出会いのお礼をする。**

ポイントは、**BさんがAさんに電話する前、**ということです。

これらの行為によって、**AさんとBさんの人間関係は確実に良くなりますし、Aさんからも自分を信頼してもらえます。**

このような対応をすることで、自分の株も上がり、更にAさんからいろいろな人を紹介してもらえるでしょう。

つまり、Aさんの持っているすべての人脈が、自分の人脈になる可能性もあるということなのです。

これは、本当にすごいことです。

このように、**恩義をしっかり意識することによって、その人の先にある無限の人脈を得られるかもしれないのです。**

僕にとってのAさんとは、銀座のママのことですね。

僕らホストの世界は、信用が第一で成り立っています。意外かもしれませんが従業員同士の信用がなければやっていけない商売なのです。

枝を大事にして、幹に迷惑をかける行為は「爆弾」と呼ばれています。

指名のホストがいるお客様（幹）が、友人を連れてきたとします。その友人は枝ということになります。枝であるお客様に接客したホストが、幹であるお客様が指名しているホストにとってマイナスになることをしてしまう。これが「爆弾」です。

ホストクラブでは、これに厳重な処罰が与えられます。
罰金や罰則、最悪クビの場合もあるのです。

これらの裏切り行為を、ホストは大変シビアに考えます。
過去にはナンバーワンが爆弾行為をして、その次の日には退店なんてこともありました。

絶対に幹には感謝し、どんなことよりも優先しましょう。
すべての枝が切れても、幹を優先するのです。

紹介してもらった人に対して不義理をする人間は、必ず失敗します。
人脈とは、その幹から広がる無限の紹介のことを言うのです。

3

「身近な人への感謝」が「成功」の可否を決める

20歳で入店した大手ホストクラブで、ナンバーワンになってから、現役の間は、ずっとナンバーワンをキープすることができました。

ホストグランプリでチャンピオンになり、その後、独立。

今思えば、当時の僕は、売上トップであることも、お店の発展も、すべては自分一人で成し遂げたもの。そう、思い上がっていたように思います。

独立後、しばらくして、お店を潰してしまった僕には、身近な人への感謝がありませんでした。

着いてきてくれた従業員、昔からのお客様、いつも見守り、助けてくれた先輩方、家族……。

わずかばかりの感謝の気持ちはあったかもしれませんが、**あまりにも、自分のことを一番に考え過ぎていたように思います。**

頑張れば頑張るほど、店の従業員は一人辞め、二人辞め……。

ピーク時には、30人いた従業員が10人ほどに減り、信頼していたオープニングメンバーも辞めていきました。

売り上げも半分以下に下がりました。

この時の僕は、**自分の責任ではなく、誰かの責任にしていたのです。**

そして現実逃避のため、毎日過剰なギャンブル、女遊びを繰り返し、最終的にはストレスで入院してしまいました。

とどめに警察沙汰によるお店の閉店です。

誰よりもプラス思考の僕でしたが、人生ではじめて心が折れました。

しかし、そんな僕に、希望の光を与えてくれたのは、従業員でした。この時に、僕は自分の過ちに気付き、残ってくれていた従業員に、心から感謝しました。

そして、こいつらを幸せにしなくてどうする？

すべてを捨ててゼロから頑張ろう！

そう思って再起したのが、現在の店舗です。

ここから、僕の人生の軸は、自分ではなく人に置くようになりました。

今うまくいっているのは、すべて従業員のお陰です。
この感謝の気持ちを本気で持てるようになってから、すべてがうまくいくようになりました。

自分が在るのは従業員が頑張っていてくれているから
自分が在るのはお客様に恵まれていたから
自分が在るのは先輩方が指導してくれたから
自分が在るのは仲間に恵まれていたから
自分が在るのは親がいてくれたから

身近な人に感謝すること。
これが、ビジネスが成功する、なによりも大切な要素です。

第6章

女性の「YES」を引き出すテクニック

1

モテとはたった二つの概念でできている

モテには二つのタイプがあります。

まず一つ目は、**「自分から何もしなくてもモテてしまうタイプ」**

顔がイケメンでジャニーズにいるような、誰が見てもかっこよく、何もしなくても女性が**「落ちてしまう」**というタイプです。


そして二つ目は、**「容姿は関係なくモテるタイプ」**

これは自分が好きになった女性を**「意図的に落とせる」**タイプです。


前者のモテは本当のモテではありません。なぜなら、顔がたまたま女性のタイプだっただけの話です。本当のモテとは、自分が狙った女性を確実に落とすことができる人のことを言います。

特に好きでもない女性百人に言い寄られるよりも、自分の好きになった一人の女性を必ず落とせることが、モテなのです。

2

モテる男が必ず持っていくもの

男性の恋愛の悩みでよくある質問が、

「女性とうまく話せないのですが、どうしたらいいのですか？」

というものです。なぜ、女性とうまく話せないのでしょうか？

理由はこの二つです。

1）女性に慣れていない

2）会話を用意していない

この二つを解決する方法を考えてみましょう。

まずは、どうしたら女性に慣れるのでしょうか？

それは、単純に出会いの数を増やせば解決できます。

考えていただきたいのが、出会いは勝手にやってくるものではないということ。

出会いは自分でつくるものなのです。


出会いをつくる。

これは意外と悩む必要のないくらい、非常に簡単なことです。

その方法を二つご紹介します。

1）モノは直接お店で購入！　女性店員に話しかける

まず、通販を全部やめて下さい。

理由は、出会いをなくす原因となっているからです。

Amazon、楽天、カタログ通販など、世の中とても便利なものがいっぱいあります。話すのが苦手な人はこの通販を利用していることが非常に多いのです。


例えば、お米をお店で買うとします。

ここでのポイントは、購入するときは、女性スタッフに対応してもらうこと。そして、商品に関する質問をするのです。それだけで女性と接する機会が一つ増え、女性との会話にも慣れるきっかけになるのです。

「コシヒカリとササニシキは何が違うのですか？」

など、実際の会話の内容なんて何でも構いません。とにかく女性と長く話すために商品知識を女性店員に話してもらい、女性に慣れていくという作戦です。

モノを買うときは、すべてこの戦法で購入すること。それだけで、女性と話す機会がどれだけ増えるかわかりません。

このように、世の中に買うものなんていくらでもあるわけですから、買い物をするときは極力細かく、何回にもわけて直接お店で購入して下さい。その回数だけ出会いと経験が増えます。

男性店員のみのお店だとしたらそこはやめておく。

ちゃんと女性店員がいるお店をセレクトする。

通販は一切やめて、新しい女性と触れ合う機会を日常に沢山増やすこと。

これが重要です。

ハードルが少し上がりますが、さらにオススメなのが「女性に道を尋ねること」

です。

「えーっ！　ここまでするの」という声が聞こえてきそうですが、ナンパをしろ！ 連絡先を交換しろ！　ということではありません。女性に慣れることが目的です。

まず、単純に見ず知らずの女性との出会いの数が、慣れに繋がります。

そう考えると、やはりこの方法が1番効果的です。

1日100人を目標として、女性に道を聞いて下さい！

道を聞いて、更に目的地まで連れていってもらうことができればベストです。

これを本気で1ヶ月続けたら、女性に対して構えることがなくなります。

そして、何より女性との出会いの場で、最初のコンタクトの取り方が確実にアップします。

実際、僕自身も新人ホスト時代に、ナンパで練習していました。当然、はじめは恥ずかしい気持ちもありましたが、続けていくうちにその恥ずかしさは消え、女性に話しかけることが当たり前のことになります。

この方法は確実に女性に慣れます！

2）事前に会話を10個用意する

何度も繰り返しますが、話せない理由は会話を予め用意してないからです。

勝負は戦う前から決まっています。

戦争に行くのに武器を持たない兵隊がどこにいるでしょうか。

最低でも10個のテーマを会話の武器として用意し、女性と接しましょう！

趣味、好きな映画、観たい映画、外見と内面のタイプ、好きな食べ物、モノマネ、行きたい国、行ったことのある国、すべらない話、普段何て呼ばれているか？　血液型、ＳかＭか、誰々に似ている、旬の芸能ネタ、ニュース……。

これらは基本的に自分発信の会話でつかうコンテンツです。

これだけ予め用意していれば会話に困ることはまずありません。

3

初対面で敗退する四つのNG

1）自慢話をしない

社会的地位のある人や自慢できる立派なものを持っている人は本来それだけで魅力があります。外見の自慢やモテ自慢。

男性にとても多いのが過去のやんちゃ話。これが最大のＮＧです。

これを聞かされる女性は、どう反応していいのかわかりません（笑）

もちろん、ネガティブ発言もＮＧです。自分の変わっているところや失敗談なら話してもＯＫです。理由は親近感がわくからです。

2）数字を聞かない

年齢、体重、スリーサイズ、付き合った男の人数……。

これらを知ったからといって何が変わるわけでもありません。そして女性もあまり初対面では話したがらない話題です。

そもそも、こんなことを聞いては、デリカシーがないと思われます。

3）プライバシーは聞かない

どこに住んでいるのかや、何の仕事をしているのか、どんな家族関係なのか、など、女性の中には初対面でこのような質問は恐がって教えたくない人も多いのです。どうしても聞きたい場合は、まずは、自分のプライバシーから先にさらけ出すこと。

そして相手の様子を見て、女性が自分から「私は……」と話したら、そこから詳しく聞くことを考えましょう。

4）人の悪口は言わない

初対面で人の悪口を聞いて楽しいと思う人はいません。

悪口はネガティブ発言です。

ネガティブが自分の印象になってしまうのでやめましょう。

4

女性の顔は褒めるな

美人をキレイだと褒めても、あまり効果はありません。

もちろん言われて多少はうれしいでしょう。ですが、そんな言葉は、それまでの人生で、かなりの多くの男性に言われているため、慣れてしまっているのです。

そもそもどうでもいい男性から、キレイ、カワイイと言われても全く心に響きません。**美人を褒めるならば、ファッションやアクセサリー、もしくは身体のパーツを褒める**べきです。

そして美人はチヤホヤされることに慣れているので、わがままな場合が多いのです。

ですから、美人がおもいっきりわがままを言ったら、その倍の力でおもいっきり叱りましょう（笑）

これはまさに喜怒哀楽の法則です。

褒めてもどうせたいして喜びません。

ですから、今まで出会った数多くの男性の一人になってしまう可能性が高く、記憶には残りにくいのです。

それならば、一か八か、叱ってみた方がいいのです。

重要なのは、**その女性の美しさを価値として認めないこと。**

それを認めた行動を見せた時点で、その他大勢の一人になり、チャンスは消えてしまうでしょう。

5 女性は男のココを見ている

みなさん初対面で、女性が男性を嫌う理由の第一位が何かわかりますか？

「デブ？　ハゲか？　チビか？　それともブサイク？」

答えは清潔感のない男性です。この清潔感がないということは女性からしたら一発退場になります。要は不潔な男性です。

これは、たとえ顔がキムタクレベルでも、不潔であればアウトです。キムタクでも、髪がボサボサで、フケがついていて、無精髭を生やして、歯も磨かず、唇がカッサカサ。これでは、１００％女性から気持ち悪がられます。

後輩のホストも、顔はイケメンなのに清潔感がなく、全く売れていませんでした。

そんな彼は、やや伸びているくせ毛の長髪、歯がヤニで黄色い、ダサイ眼鏡、シャツがヨレヨレ、靴がボロボロでカカトを踏んでる、腹が出ている……。

清潔感とはかけ離れていますよね。本当に指名はゼロでした。

どんな出会いでも、まずは会ったその日に連絡先を聞けなければ、もうその先はないのです。

ですからその日が勝負なのです（学校とか会社などのいつでもその女性と会える場合は別です）。

別に、その日に落とさなければダメだと言っているわけではありません。

まずは最低限、その女性が「この人とならば友達になってもいいな」と思われるだけの容姿（清潔感）を持つことが重要です。

友達として連絡先を聞くことに、顔はほとんど関係ありません。

友達にビジュアルは求めませんよね。逆に言えば、清潔感さえあれば連絡先を聞くことは、そんなに難しいことではないのです。

別にイケメンを目指すわけではないのです。ごくごく普通であればいいのです。

恋愛は焦らないことが重要なのです。

まずは連絡先を聞ける環境だけ整えればＯＫです。

そこから徐々に、今回お話ししている内容に沿って、行動してもらえれば、問題ありません。重要なことは清潔感です。

清潔感が出るポイント

●美容院に行き髪と眉毛を揃えてもらう（自分の好きな髪型にはしない。女性の美容師さんに清潔感のある髪型にして下さいと頼む）
●鼻毛を切る、髭を剃る（濃い人は抜く）
●爪を切りクリームなどで指をキレイにする
●歯を磨き口臭に気を付ける（歯のホワイトニングをする。４万円前後）
●唇をリップクリームなどでケアする
●毎日必ずお風呂に入る（脇と足を特に気を付けて。髪はトリートメントを必ず）
●眼鏡の人はコンタクトにする（眼鏡をファッションの一部として考えても良いが、これは上級者テクニック。そもそも目が悪いからという理由だけで眼鏡をかけている時点で意識的にアウト）
●ジムに通い体を引き締める
これらすべてやってみて下さい。一気にあなたから清潔感が溢れ出てきます！

6

可能性を0%にも、100%にもするもの

誰にでも、自分の可能性を上げることができる方法があります。それはファッションを意識することです。「人は見た目が10割」の中で述べましたが、ファッションはかなり強力な武器になります。

しかし、ファッションがよくわからない、苦手意識のある男性は多いのではないでしょうか？　実を言うと、僕は今でも苦手です。

それに比べて、女性はファッション感度が高い生き物です。幼少期からオシャレを意識している人も多く、ずっと磨き続けているので、基本的には男性は勝ちようがありません。ですから、ファッションは女性に聞くのが一番です！

ファッションセンスに自信がない男性は、買い物へ女性に付いてきてもらう、もしくは女性店員に選んでもらいましょう。

はじめは頭の先からつま先まで、女性の指示に従うことをオススメします。

あとは迷ったときは、スーツだと間違いありません。どの年齢層の女性にも受け入れられますし、値段が高そうに見られ、仕事ができそうに見えます。

注意としてバッグは持たないことをオススメします（バッグはどうしてもセンスが出てしまい、下手をすると、スーツの良さを消してしまいます）。

以上のポイントを押さえていれば、間違いなくかなり好感の持てる男性になれます。

ファッションは、軽い魔法のような効果を発揮します。センスのあるファッションを身につけることで、自分に自信がわきオーラが放たれるのである。

今回はあくまで女性目線を重視していますが、女性目線で好感が持てなければ意味がないからです。

加えて、靴、ボタン、小物、キーケースなど、常に細かい所にまで意識することが重要です。

ファッションこそが、可能性を０％から１００％に変える、現代の魔法です！

7

うまくいかない人の9割がやっているミス

それは、初対面で連絡先が聞けないということです。そこで、スムーズに連絡先を交換をする方法をお話しします。

ただ、残念なことに「これを言えば必ず連絡先を教えてくれる」という言葉はありません。しかし、条件付きで、比較的簡単に連絡先を聞けてしまう方法があるのです。それは、**SNSを使う方法**です。

「Facebookやってる？」
「LINEやってる？」

これだけでOKです。**ほとんどの女性が、FacebookかLINEのどちらかをやっています。それを聞いてしまえばいいのです。**

いきなり電話番号を聞くことは、少しハードルが高いかもしれません。

女性がFacebookをやっていれば、そのまま話を盛り上げ、その場で友達申請をします。そして、メッセージでやり取りをして親睦を深め、早めに電話番号を聞き出しましょう。

ＬＩＮＥは、Facebookより少し難易度は上がりますが、根本は同じです。ＬＩＮＥのスタンプやゲーム、もしくは機能の話題をして、そのままの流れでＩＤなどを教えてもらいましょう。ポイントとしてＬＩＮＥの知識やおもしろいスタンプ、ゲームの知識などがあったほうが、会話はスムーズにいくはずです。

このように**どんな状況でも連絡先を必ず聞く、という姿勢を忘れないようにしてください。**

連絡先を聞いてはじめてスタートラインに立つのです。連絡先を聞かないという行為は時間を捨てているのと同じです。

8

「メール」と「LINE」が女性との距離を遠ざける

連絡先を聞いたらスタートラインに立つのですが、大体の人が連絡先を聞いてからが上手くいきません。

その原因は「電話をしない」からです。ここが非常に重要なポイントです。

これまでに何度も言っていますが、何よりも一番大切なのが会話をすることなのです。

メール、ＬＩＮＥばかりを使う人が本当に多いのです。

仮に、一ヶ月間メールのみと、一ヶ月間電話のみでは、どちらが、どれくらい二人の距離が縮まると思いますか？　１００倍で電話です！　簡単に言うと二人の仲を１００日短縮できるということです。

それだけ**会話が大事だということです。**

もちろん、メールのメリットもあります。しかし、一番大事なのは会話力をつけること。**FacebookやＬＩＮＥは、あくまでも電話に繋げるための手段**と考えておくべきでしょう。

早いと思うかもしれませんが、**連絡先を聞いた次の日には、早速電話をするのがベストです。**もちろん相手の都合もあるので

「何時ごろ時間ある？　電話したいのだけど平気かな？」

などと、事前にしっかり聞いておきましょう。

そして時間がある限り、さまざまな会話をし、コミュニケーションを取るようにしてください。

そして、電話をする前には、先述の項目を参考に、必ずたくさんの話のネタを用意しましょう！

目標として、**はじめは30分盛り上がっていられたら上出来です。**

ポイントとしては、ちゃんと目的をもって電話をするということです。

目指す目的地は、喜怒哀楽の話をし、相手の記憶に印象を残すことです。

そして、恋愛話や過去の話で心を開いてもらいます。

次に、出てきた愚痴と悩みを解決する（聞く）のです。

しかし、中にはさまざまな理由で、電話が無理だったり、嫌がったりする女性もいます。その時はしつこく連絡するのではなく、しっかりと空気を読み、すぐさまＬＩＮＥやメールにシフトチェンジしてください。

メール、ＬＩＮＥでやってはいけない４つのＮＧ

１）メールの絵文字、ＬＩＮＥのスタンプはできるだけ使わない

これは女っぽいミーハーなイメージを与えてしまうからです。

男性の絵文字を気持ち悪く思う女性もいます。相手が使っているのならば、顔文字を一つか二つ使用するのはＯＫです。

スタンプは、ＬＩＮＥに基本装備しているモノを使ってください。これが一番安全です。

２）小文字を使わない

「〇〇だょ」などですが、絵文字以上に悪い印象を与える可能性が高いです。

３）長文は避ける

いきなり長文では、気持ち悪いし、面倒くさそうだと思われます。
よくわからないスタンプや、スタンプの無駄打ちはやめましょう。

4）最後に「?」を入れて、返信を強要しない

疑問形のメールは返事が返ってきやすいと言いますが、これは返事をしなければならない状況をつくっているだけで、返信をしたいわけではありません。

女性との距離が近づくまでは、気持ちがあからさまに伝わるような文章を送らないようにしましょう。簡単に言うと、男友達にメールを送るような文章や内容で、ＯＫなのです！

自分の気持ちを出したメールを送るのは、相手があなたに好意を抱いているときにしか送ってはいけません。

自分にとってどうでもいい女性から、ラブラブメールや鬼のような量のメールがきたらどう思うでしょうか。

そもそも連絡を継続する理由はなぜでしょうか？

それは好きになってもらうためですよね。

しかし、その気持ちが先走りすぎるが故に、失敗してしまう例があります。

それは「過剰な連絡」です。

根本的にマメなことは良いことです。しかし、それは相手があなたに好意を抱いているときに限りなのです。

あなたに好意を抱いてない段階で、過剰に連絡をするとそこには面倒くささ、時には、恐怖心が生まれ、好感度が下がってしまうことになります。

そして、この3点には注意をしてください。

1）あなたから連絡をして（電話、メール）繋がらない場合は、相手から連絡が来るまで待つ

2）出会い当初は3日おきで連絡をする。反応がよければ間隔を短くしていく

3）連絡のやり取りが頻繁にあるのならば、毎日欠かさず連絡を取る

そして残念ながら、返信が返ってこない場合、女性は社交辞令で連絡先を教えた可能性があります。いきなり連絡が取れなくなった！　という場合もそうです。

しかし、これで諦めてはいけません。

FacebookやＬＩＮＥで連絡をとっていたのなら、ニュースフィードやタイムラインで自分をアピールしよう。

今は彼氏がいるなど何かしらの理由で返信をしなかった可能性もあるので、別れたらいきなり連絡が来ることもあります。

ですから、諦めないようにしましょう。


連絡が取れなくなったら向こうからの連絡を待つこと。これも一つの戦術です。

これらには気を付けてメール、ＬＩＮＥのやり取りして下さい。

もちろん電話を最優先する心を忘れずに。

9

「感情」を伝えると必ず失敗する理由

男性が一番悩んでいるであろう、連絡先を交換してからその先にとる行動について、解説します。

まずは左を見てください。

【女性からどう思われているか目線表】
レベル1…生理的に無理（同じ空気を吸いたくない）
レベル2…嫌い（話すのが嫌）
レベル3…普通（知り合い〜友達）
レベル4…好意（友達〜恋人未満）
レベル5…好き（付き合って良い）

これを基準に考えると、あなたが目指す目標はもちろんレベル5ですよね。

そして、ポイントは、連絡先を交換できたことから考えると、この段階でレベル3からスタートするということです。

つまり、初対面でレベル2や、レベル1だと女性から思われていたら、連絡先は教えてもらえないということです。

そしてレベル5は、既に相手の女性があなたを好きになっているということ。初対面の場合で考えると、一目惚れしているということですね。

外見的なモテとはまさにこのことです。

本来レベル5へ持っていくには、3からコツコツとレベルを上げていかなければなりません。

このコツコツこそが自分で落とす「モテ」なのです。

そもそも、先述した清潔感があれば、誰でも初対面でレベル3スタートできているはずです。

女性を落とす上で、まず、しなければならないことは、レベル3から4に上げることです。

ここでお伝えする内容は、まさにレベル3から4へ上げる方法です。

その方法とは、**「好意」と「好感」を積み上げることです。**

好意とは男性が女性に対して伝える気持ち
好感とは女性が男性に対して感じる気持ち

と、僕は定義しています。**この二つが女性を落とす上で、非常に重要なポイントです。要は中身勝負ということ。**

何度も言いますが最終目標はレベル5です。

レベル5とは向こうは完全にあなたのことが好きな状態です。要は告白したら確実に付き合えるということです。

そのレベル5へ持っていくために、まずはレベル4へ行かなくてはなりません。

それでは好意と好感を積み、レベル4へ上げる方法とは……？

実はこれ半分以上、既に答えが出ているのです。

これまでにご紹介してきた、「信頼関係のつくり方」。

喜怒哀楽の話をして、相手の印象に残し、恋愛の話や過去の話で心を開いてもらうこと。

そして、女性から出てきた愚痴と悩みを解決する（聞く）こと。

これをすることで、好感がどんどん上がっていくのです。

そして、ここにプラスして「好意」も伝えます。それは、

人として好きになっている
人として興味がある
人として楽しい

などの「人として好き」という部分を全面に出すということです。

具体的に言葉にするなら

「Aさんのそういうところ、好きだな」

「僕、お前のそういうとこ尊敬してるよ」

「そういうところ、かわいいな！」

など、これらはいずれも、女性に対する「評価」なのです。好きって言ってしまっているのに告白ではないのです（笑）。日本語って不思議ですね。

この好意を伝える行為は当たり障りがなく使えるのでしっかり使いましょう！

しかし、注意してほしいのは**「好意は見せても、好きという感情は見せてはダメ！」**ということです。

重要なのでもう一度言います。

「好意は見せても、好きという感情は見せてはダメ！」

感情を見せるのではなく好意を見せるのです。

自分の好きという感情を女性に見せた瞬間に、レベル3からレベル2へ落ちる可能性がグンと上がってしまいます。

それでは、なぜ「好き」という感情を見せてはならないのか？　それは、相手の女性はあなたのことが好きではないからです。

みなさん、女性と連絡を取っていて、いきなり連絡が取れなくなったり、コイツ気分屋だなと感じたことはありませんか？　それは、相手があなたのことを好きでない、もしくは**あなたが相手に好きという感情を見せすぎた可能性があります。**

いくら電話する仲であっても基本、向こうはまだ何とも思ってない友達的な感情がほとんどです。そんな段階でこちらが好きな気持ちを全面に出されたら女性は逃げていきます。

逆に自分だったらどうですか？

ただの知り合いレベルのどうでも良い女性から、しつこい連絡と猛アピールがきたら嫌気がさしませんか？

言ってみればこのレベル３で感情を見せる行為自体が間違った行為になるのです。

もちろん告白など論外です。レベル３の状態で告白しても、必ず振られて自動的に連絡すら取れなくなります。その時点でレベル３から２へ転落するのです。

振られたらそこで終了。連絡すら取れなくなります。

更にしつこく連絡すればあなたはレベル1に近づいていき、すべてが負のスパイラルになります。この意味がわからず、告白や感情を見せ自滅していく男性がほとんどなのです。

恋愛はギャンブルではないのです。だから、関係を破綻させないためにも、**こちらの感情は絶対に隠さなければなりません。**でも、怖がらないでください！　**感情さえみせなければ、関係が終わることはないのです。**

究極、ずっとレベル3でもいいのです。

こちらの感情を見せていいのは相手のレベルが5に達したとき。もしくはレベル4の後半くらいでも問題ありません。ですが、その女性の気持ちが、どのレベルにあるのか肌でわからないうちは、感情を出すのはやめましょう。

とにかくはじめは**「好き」という感情ではなく、好意と好感を積み上げるのです。**

コツコツと女性の気持ちをレベル3から4へ上げること。それだけを考えて行動しましょう。

10

強烈に〝中毒〟にさせる方法

それでは、かなり良い感じでうまくいっている場合、まずは**会話の内容で、今のポジションを判断することが可能です。**

レベル4以上にいる可能性が大きいと判断できる話題

恋愛の話の相談
家族の相談
仕事や人間関係の愚痴
向こうから頻繁に連絡がくる

レベル4にまで持ってくるには好意と好感を積み重ね、ある程度の信頼関係も必要になります。そして、これらを積み重ねる会話の中に、とても重大な情報が落ちています。

それは、**「その女性がどういう人物なのかを知ることができる」**ということです。

相手の女性がどういう人物像かわかった時点で、初めて攻略ができるようになります。もっと言ってしまうと、**彼女の過去を知ることが、彼女を落とす方法**だからです。

人には好みのタイプがあります。こればっかりは、十人十色で人それぞれ違います。

例えば、

Ｍ（被虐性の強い人）な男がタイプな女性
Ｓ（加虐性の強い人）な男がタイプな女性

Ｍな人にＭで行っても食いつかれることはありません。
Ｍな人には、Ｓでいかなくてはならないのです。

タイプは１人の女性に大体４～５個は、別々にあるものです。
そしてその４～５個を、こちらがピンポイントで演じることができたとき、限りなくレベル５に近付いていくのです。逆に言ったらその情報がわからない限り落とすことは非常に難しくなります。

ですから、よく巷にある、**これをやったら女は落ちる的な本は全部嘘です。**そんなことはありえません。なぜなら、一人ひとり、人間はタイプも過去も環境も価値観も違うからです。

だからこそ**相手の過去を知り、相手のタイプに近付いていくことが、好きにさせる段階、レベル5に辿りつくもっとも有効な手段なのです。**

そしてここが一番重要です。

女性を落とす上で一番重要な情報、それは「元カレの情報」です。

実際に、その女性が愛していた人ですからね。元カレとの思い出を探れば、その女性のタイプや思想がわかってきます。

その元カレ情報の中でも、特に、

一番長く続いた彼氏が最重要、または、一番最初の彼氏

この二つが非常に重要です。

なぜならば、その彼氏たちの影響を受けて、今の彼女が構成されていると言っても おかしくないからです。

このように狙った女性を確実に好きにさせることが可能である一番大事な情報とは、

彼女の「元カレの情報」ということでした。

これらを踏まえて、あなたの好きな女性を是非ＧＥＴして下さい！

おわりに

人の「心を操る」とは「信頼を築くこと」です。

信頼は「愚痴や悩みなどの問題を解決すること」によって、関係性がより濃くなっていきます。

今のダメな人間関係を打破するには、当初の僕がそうだったように、**自分が変化し、行動していくしかない**のです。

「人間関係を築く」とは、ちまたによくある表面的なテクニックで、どうこうできる問題ではありません。

本当の意味での「人間関係を築く」ことは、お互いを信じあえるような仲になるということです。

それは、「究極の信頼関係を築く」ということなのです信頼関係の中には必ず感謝の気持ちが存在します。

あなたは、普段意識していないかもしれません。気付いていないかもしれませんが、相手に感謝をしているからこそ、信頼が生まれるのです。

だからこそ、常に、**自らすべての人に感謝すべき**なのです。

あなたは気付いているでしょうか。

あなたの考え方や生き方、そしてあなたの存在すべては、他人による影響で構成されています。

意外に思うかもしれませんが、事実です。

産まれたばかりの赤ちゃんの頃は、真っ白なキャンバスのような状態からスタートします。

そして、月日を積み重ねるごとに、キャンバスはさまざまな色に染まっていきます。

そのキャンバスに色を付けるのは、自分ではなく他人です。

はじめは親の影響により、あなたが構成されます。

幼少期は、友だちやテレビアニメのキャラなどの影響を受け、青年期は友だちだったり先輩だったり、先生、芸能人、偉人や恋人、本などに影響を受けるのです。

20歳を過ぎ社会に出るようになると、上司や先輩の影響が大きくなります。

このように、あなたをつくってきたのは、確実に今まで出会った人たちです。

だからこそ、今まで出会った人たちに感謝しなければなりません

感謝ができないということは、つまり、自分自身を否定していることと同じなのです。

不思議なことに、人は感謝するべき、これまで出会った人を大切にせず、本来ならば、どうでもいい人にばかり気を使います。

もっと目を向けるべきところがあるはずです。感謝すべき人が、たくさんいるのです。

あなたに、一つ例え話をしたいと思います。

今から1時間後に、地球に隕石が衝突し、地球は壊滅状態になると、臨時ニュースが入りました。

あなたは、今、愛する人たちと離れアメリカにいます。

世界はパニックに陥り、電話もメールも、すべてがパンクしてしまい、誰とも連絡が取れません。

しかし、あなたは諦めず、必死に電話をかけ続けました。

そして、ついに隕石衝突の20秒、奇跡的に電話が繋がり、愛する人と話すことが可能になりました！

その時、あなたは何を伝えますか？

目を閉じてこの状況をリアルに想像し、最後の電話で何を伝えるのかをゆっくり考えて下さい！


あなたが伝えたい言葉は、きっと感謝の言葉だったはずです。

でも、今、あなたは愛する人に、感謝の気持ちを伝えていますか？


まずは、愛する人に感謝の言葉を伝えましょう。

愛する人にすら伝えられていないのならば、これまでに出会った大切な人たちには、なおさら伝えられていないはずです。

愛する人、親、家族、そこからお世話になった人など、身近な人に感謝の気持ちを伝えましょう。

そうすることで、相手にその気持ちが伝わり、人間関係が更に良くなるのです。

そもそも愛する人たちに感謝できないようでは、他人の心をつかむなんて到底不可能です。

今まで出会った人たちは、あなたをつくってくれた人です。

その中で影響を受けた人に感謝を伝える。そして、いずれは出会ったすべての人に感謝できるようになりましょう。

そうすることにより、これからのすべての人間関係が、つくりやすくなります。

最後になりますが、こんな僕があなたの役に立てることなど、たかが知れています。

僕自身、本当に運が良く、出会った人たちに恵まれて生きてきたので、コミュニケーション力を人より少し多く持つことができました。

これをある種の使命と考え、本書を出版させて頂きました。

後は、あなたの行動あるのみです。
自分を信じてがんばってください！
最後まで読んでくださり、本当にありがとうございました。

感謝。

鶴見 一沙（つるみ いっさ）

ZERO GROUP 会長
神奈川県横浜市生まれ。20 歳で新宿歌舞伎町の大手ホストクラブに入店。入店当初は、全く指名も取れず、売れないダメホスト時代を過ごす。
その後、毎日睡眠 2 時間で、残りのすべての時間を「顧客心理の追究」と「接客」に力を注ぎナンバーワンになる。出会った全てのホストたちから学び取ったテクニックと、独自の視点から「心を奪うコミュニケーション術」と「接客サービスの究極の極意」を確立する。
2004 年には、全日本ホストグランプリで、全国 1 万人以上のホストの頂点に立つ（初代チャンピオン）。
2008 年に独立。歌舞伎町にホストクラブを 2 店舗オープン。更に、横浜に 2 店舗、歌舞伎町に 1 店舗を出店。その後、会長に就任し、4 店舗を立て続けにオープンさせる。
これまでに、育てたホストは 1000 人以上。顧客心理の掌握テクニックと接客ノウハウ、人材育成のスキルが評判を呼び、近年では企業などからのコミュニケーションについての講演やコンサルタント依頼が殺到。
2013 年には、行政と手を組んだ少子化問題への取り組みなど、他業界への貢献も積極的に行っている。

「スッキリ！！」「朝ズバッ！」「金曜日のスマ達へ」「笑っていいとも！」「24 時間テレビ！」NHK の特番など、TV 出演多数。

ホスト界の頂点に立つ男の「心を操る」技術

2014年7月20日　初版発行

著者　鶴見 一沙

装丁　轡田 昭彦・坪井 明子
組版　横内 俊彦

発行者　野村 直克
発行所　総合法令出版株式会社
〒103-0001
東京都中央区日本橋小伝馬町15-18
常和小伝馬町ビル9階
電話 03-5623-5121（代）

印刷・製本　中央精版印刷株式会社

ISBN978-4-86280-411-2
落丁・乱丁本はお取替えいたします。
総合法令出版ホームページ　http://www.horei.com/